BEI GRIN MACHT SICH IHR WISSEN BEZAHLT

Themen aus der Persönlichkeitspsychologie. Persönlichkeitstests, Persönlichkeit und Gesundheit sowie Eigenschaften von Professoren

Katharina Rieck

Bibliografische Information der Deutschen Nationalbibliothek:

Die Deutsche Nationalbibliothek verzeichnet diese Publikation in der Deutschen Nationalbibliografie; detaillierte bibliografische Daten sind im Internet über http://dnb.d-nb.de abrufbar.

ISBN: 9783346572899
Dieses Buch ist auch als E-Book erhältlich.

Das Buch bei GRIN: https://www.grin.com/document/1161076

Einsendeaufgaben

Persönlichkeitspsychologie

SRH Fernhochschule - The Mobile University

Modul: Persönlichkeitspsychologie
Studiengang: B. Sc. Psychologie

Von:
Katharina Rieck

Inhaltsverzeichnis

Abkürzungsverzeichnis

bspw.	beispielsweise
bzw.	beziehungsweise
d.h.	das heißt
sog.	so genannt
WHO	Weltgesundheitsorganisation
z.B.	zum Beispiel

1. Aufgabe

In dem ersten Abschnitt wird der Persönlichkeitstest vorgestellt. Es wird auf die Entstehung, die Einsatzgebiete sowie auf die klassischen Güterkriterien für das Testverfahren eingegangen. Außerdem wird die narzisstische Störung definiert. Auftretende Symptome werden näher erläutert. Zum Schluss wird auf das Verfahren der Diagnose näher eingegangen.

1.1 Der Persönlichkeitstest

Die differentielle- und Persönlichkeitspsychologie entwickelte sich in den 1920er und 1930er Jahren als eigenständige Disziplin.[1] Die Erforschung der Persönlichkeit fing im antiken Griechenland an und entwickelte sich vor ca. 100 Jahren in Österreich und der Schweiz weiter.[2] 1884 entwickelte der britische Naturforscher Francis Galton den sog. „lexikalischen Ansatz" der besagt, dass sich die Persönlichkeit in der Sprache wiederfindet.[3] Somit werden durch bestimmte Wörter die Persönlichkeits-Eigenschaften sowie -Unterschiede beschrieben, die im Lexikon auffindbar sind.[4] Die US- Amerikaner Gordon Allport und Sebastian Oldbert filterten 1936 aus einem Pool von 400.000 Wörtern, 17.953 Wörter heraus.[5] Diese Wörter sollten die Persönlichkeit oder das Verhalten beschreiben können.[6] Durch die Bündelung zusammengehöriger Eigenschaftswörter wurden die sog. „Persönlichkeits-Faktoren" gebildet, auf dessen Basis der US-Amerikaner Raymond Castell in den 1940er Jahren sein

---

[1] Vgl. Becker, 2014a.
[2] Vgl. Lars: Geschichte der Persönlichkeitstests – von Griechenland über die Alpen in die USA in: TypenTest Blog
[3] Vgl. Lars: Geschichte der Persönlichkeitstests – von Griechenland über die Alpen in die USA in: TypenTest Blog
[4] Vgl. Lars: Geschichte der Persönlichkeitstests – von Griechenland über die Alpen in die USA in: TypenTest Blog
[5] Vgl. Lars: Geschichte der Persönlichkeitstests – von Griechenland über die Alpen in die USA in: TypenTest Blog
[6] Vgl. Lars: Geschichte der Persönlichkeitstests – von Griechenland über die Alpen in die USA in: TypenTest Blog

Persönlichkeitsmodell mit 16 Faktoren entwickelte.[7] Heutzutage stammen sämtliche aktuell genutzte Persönlichkeitstests und Theorien aus den USA.[8]

Persönlichkeitstests bestimmen überdauernde und stabile Eigenschaften, Motive, Neigungen sowie Interessen einer Person.[9] Da Personen Regelmäßigkeiten im Verhalten und Erleben zeigen, lässt sich durch wiederholte Beobachtungen auf stabile Regelmäßigkeiten schließen.[10] Persönlichkeitseigenschaften beschreiben demnach eine Klasse von Verhaltens- und Erlebensweisen, die zeitlich stabil sind und in verschiedenen Situationen konstant bleiben.[11] Zu unterscheiden ist dabei der objektive Persönlichkeitstest von dem subjektiven Persönlichkeitstest. Bei dem objektiven Persönlichkeitstest bleibt dem Proband der Rückschluss vom Verhalten auf das Merkmal verborgen.[12] Bei dem subjektiven Persönlichkeitstest wird der Proband nach einer Selbsteinschätzung gefragt, womit Verfälschungen der Endergebnisse entstehen können.[13]

Die meisten der heute eingesetzten Persönlichkeitstests beruhen auf der Selbsteinschätzung.[14] Andere Tests, wie z.B. der Big-Five-Persönlichkeitstest, ermitteln ein Persönlichkeitsprofil durch die grundlegenden Eigenschaften einer Person, um die Person so als ganzes zu erfassen.[15] Viele Tests werden heute nach der klassischen Testtheorie konstruiert, somit wird quantitativ auf einem bestimmten Skalenniveau gemessen.[16] Persönlichkeitstests werden heutzutage in verschiedenen Bereichen eingesetzt wie z.B. in Kliniken, bei der Beurteilung der Fahreignung, bei der Personalauswahl oder bei einem forensischen Gutachten.[17]

---

[7] Vgl. Lars: Geschichte der Persönlichkeitstests – von Griechenland über die Alpen in die USA in: TypenTest Blog
[8] Vgl. Lars: Geschichte der Persönlichkeitstests – von Griechenland über die Alpen in die USA in: TypenTest Blog
[9] Vgl. Persönlichkeitstests - Lexikon der Psychologie, in: Psychomeda
[10] Vgl. Becker, 2014a.
[11] Vgl. Becker, 2014a.
[12] Vgl. Becker, 2014a.
[13] Vgl. Persönlichkeitstest, in: Lexikon der Psychologie
[14] Vgl. Persönlichkeitstests - Lexikon der Psychologie, in: Psychomeda
[15] Vgl. Persönlichkeitstests - Lexikon der Psychologie, in: Psychomeda
[16] Vgl. Persönlichkeitstests - Lexikon der Psychologie, in: Psychomeda
[17] Vgl. Persönlichkeitstests - Lexikon der Psychologie, in: Psychomeda

1.2 Klassische Güterkriterien für den Persönlichkeitstest

Persönlichkeitstests müssen eine Reihe von Qualitätsstandards erfüllen, um sie in der Praxis einsetzen zu dürfen.[18]

Unter Objektivität eines Messverfahrens, versteht man die Unabhängigkeit der Versuchsergebnisse von den Rahmenbedingungen.[19] Eine hohe Objektivität in einem Test bedeutet, dass es keinerlei Spielraum bezüglich der Durchführung des Verfahrens, der Auswertung der Antworten und der Interpretation der Ergebnisse gibt.[20] Um das gewährleisten zu können, ist die Testsituation in Bezug auf Zeit, Raum, Testmaterial und Instruktion standardisiert.[21] Durch standardisierte Antwortmöglichkeiten, denen numerische Werte zugeordnet sind, ist die Auswertungsobjektivität in dem Test gegeben.[22] Somit ist der Persönlichkeitstest für alle Menschen gleich anwendbar.

Als das wichtigste Güterkriterium gilt die Validität, d.h. der Test misst das Merkmal welches er wirklich messen soll und nicht ein anderes Merkmal.[23] In Bezug auf die inhaltliche Beantwortung der Fragestellung über die Testgüte ist die Validität so wichtig, da es sich um Persönlichkeits- oder Verhaltensmerkmale des Probanden oder Patienten handelt.[24] Bei der Kriteriumsvalidität geht es um das Ausmaß der Beziehung zu anderen relevanten Messergebnissen oder Kriterien.[25] So wird z.B. angenommen, dass es zwischen der Intelligenz und dem Erfolg im Beruf ein Zusammenhang existiert.[26] Die Inhaltsvalidität gibt an ob bzw. inwieweit die Items eines Fragebogens eine repräsentative Auswahl aus allen möglichen Items, die es zur Erfassung des Konstrukts gibt, darstellt.[27] Als letztes gibt es die Konstruktvalidität. Hierbei geht es um empirische Belege dafür, dass ein Test das Konstrukt erfasst, was es erfassen soll.[28] Je mehr sich die Selbst- und Fremdbeurteilung ähneln, desto höher wird die Validität des Verfahrens

---

[18] Vgl. Persönlichkeitstests - Lexikon der Psychologie, in: Psychomeda
[19] Vgl. Becker, 2014b.
[20] Vgl. Becker, 2014b.
[21] Vgl. Becker, 2014b.
[22] Vgl. Becker, 2014b.
[23] Vgl. Moosbrugger/ Kelava, 2012
[24] Vgl. Becker, 2014b.
[25] Vgl. Becker, 2014b.
[26] Vgl. Becker, 2014b.
[27] Vgl. Becker, 2014b.
[28] Vgl. Was versteht man unter der Konstruktvalidität?

eingestuft.[29] Aus diesem Grund ist es sinnvoll wenn der Forscher eine Reihe von Maßen heranzieht, um die Validität des Messinstruments zu belegen.[30]

Die Reliabilität ist ebenso ein wichtiges Güterkriterium, da es die Genauigkeit der Messung des Tests angibt.[31] Da sich die Reliabilität in Abhängigkeit von der Referenzpopulation ändert, beschreibt die Reliabilität die Genauigkeit des Messinstruments in Bezug auf eine bestimmte Population.[32] Dabei bezieht sich die interne Konsistenz auf die Items und inwieweit sie das gleiche Konstrukt messen.[33] Idealerweise wird eine hohe Interkorrelation erwartet.[34] Die Retest-Reliabilität hingegen ist besonders wichtig, wenn sich die Einstellungen und Verhaltensweisen relativ konstant über die Zeit hinweg entwickeln.[35] Somit wird die Reliabilität über die Zeit hinweg gemessen.[36] Um ein Maß für die Retest-Relaibilität zu bekommen, wird eine Probandengruppe nach einer bestimmten Zeit erneut getestet, um zu schauen ob die beiden Testanwendungen positiv miteinander korrelieren.[37] Bei einer positiven Korrelation von über 0,7, gilt die Retest-Relaibilität als akzeptabel.[38]

Als letztes wichtiges Güterkriterium gilt die Normierung, die für die Interpretation der Testergebnisse einen Bezugsrahmen darstellt.[39] Die Normstichprobe soll als Repräsentant für die Personengruppe, zu der der Proband gehört, dienen.[40] So wird sichergestellt das keine Teilnehmergruppe in dem Testverfahren diskriminiert wird.[41] So können z.B. auch Personen, die geringe Sprachkenntnisse besitzen, den Test fair absolvieren.[42]

---

[29] Vgl. Becker, 2014b.
[30] Vgl. Becker, 2014b.
[31] Vgl. Becker, 2014b.
[32] Vgl. Becker, 2014b.
[33] Vgl. Becker, 2014b.
[34] Vgl. Becker, 2014b.
[35] Vgl. Becker, 2014b.
[36] Vgl. Becker, 2014b.
[37] Vgl. Becker, 2014b.
[38] Vgl. Becker, 2014b.
[39] Vgl. Becker, 2014b.
[40] Vgl. Becker, 2014b.
[41] Vgl. Persönlichkeitstests - Lexikon der Psychologie, in: Psychomeda
[42] Vgl. Persönlichkeitstests - Lexikon der Psychologie, in: Psychomeda

1.3 Die narzisstische Persönlichkeitsstörung

Eine narzisstische Persönlichkeitsstörung ist eine tiefgreifende Störung der Persönlichkeit.[43] Das Gefühl für die eigene Bedeutung schwindet, was dazu führt, dass sich Menschen mit so einer Störung intensiv mit den Fantasien der eigenen Erfolge und Leistungen beschäftigen, was zu Fantasien von Macht und Genialität führen kann.[44] Dies erweckt bei den Betroffenen die Überzeugung, dass ihnen die meisten Dinge zustehen und sie sich deshalb oft in persönlichen Beziehung ausbeuterisch oder unethisch verhalten.[45] Ebenso sind Menschen mit so einer Störung nicht in der Lage Empathie zu empfinden oder zu zeigen.[46] Ein weiteres Merkmal ist, dass Narzissten eine starke Empfindlichkeit gegenüber Kritik empfinden, dass zu einer auffälligen Selbstbewunderung, übersteigerter Eitelkeit und einem übertriebenen Selbstbewusstsein nach außen hin einhergeht.[47] Das übertriebene Selbstbewusstsein wird eingesetzt, um ihr geringes Selbstwertgefühl zu kompensieren.[48] Ein Narzisst zeigt häufig ein arrogantes Verhalten, dass sich auch in den Einstellungen widerspiegelt.[49] Die narzisstische Persönlichkeitsstörung ist vermutlich bei weniger als einem Prozent der Bevölkerung vertreten, wobei es zu 75 Prozent Männer und zu 25 Prozent Frauen betrifft.[50]

Um eine Diagnose dieser Störung aufstellen zu können, gibt es ein Klassifikationssystem mit Entscheidungskriterien, das „DSM" heißt.[51] Die noch gültige Version des DSM-IV aus dem Jahr 1996 beinhaltet fundierte diagnostische und klare Formulierungen für die Feststellung einer Erkrankung.[52] Fünf oder mehr diagnostische Kriterien des Narzissmus müssen demnach erfüllt sein, um eine Diagnose aufstellen zu können.[53] Zu den Kriterien gehören: Die Betroffenen empfinden sich selber als überdurchschnittlich wichtig, sie idealisieren sich selbst und besitzen starke Fantasien von Erfolg, Glanz,

---

[43] Vgl. Narzisstische Persönlichkeitsstörung
[44] Vgl. Becker, 2014b.
[45] Vgl. Becker, 2014b.
[46] Vgl. Becker, 2014b.
[47] Vgl. Narzisstische Persönlichkeitsstörung
[48] Vgl. Narzisstische Persönlichkeitsstörung
[49] Vgl. Becker, 2014b.
[50] Vgl. Narzisstische Persönlichkeitsstörung
[51] Vgl. Becker, 2014b.
[52] Vgl. Becker, 2014b.
[53] Vgl. Deutsches Ärzteblatt, 2014

Schönheit oder Macht.[54] Sie verlangen nach übermäßiger Bewunderung, glauben von sich in einem starken Maß besonders und einzigartig zu sein und zeigen ein offensives Anspruchsdenken in Kombination mit der Erwartung, bevorzugt behandelt zu werden.[55]

2. Aufgabe

In diesem Abschnitt wird der Zusammenhang zwischen Persönlichkeit und Gesundheit verdeutlicht. Außerdem wird das Konzept der Selbstwirksamkeit erläutert. Zum Schluss werden konkrete Handlungsempfehlungen für Führungskräfte genannt, um im Rahmen der Führung die Selbstwirksamkeit der Mitarbeitenden stärker zu berücksichtigen.

2.1 Der Zusammenhang zwischen Persönlichkeit und Gesundheit

Die heutigen Begriffe „Person" und „Persönlichkeit" stammen von dem griechischen Wort „Persona" ab, das übersetzt die „Maske" bedeutet.[56] Sie wurde von Schauspielern auf antiken Theaterbühnen, z.B. bei Tragödien, getragen.[57] Der ursprüngliche Begriff „personare" stammt aus dem Lateinischen und bedeutet so viel wie: „durch die Maske hindurchtönen".[58] Unter dem Begriff „Persönlichkeit" wird die Gesamtheit aller überdauernden Besonderheiten im Erleben und Verhalten eines Menschen verstanden.[59] Diese Besonderheiten

---

[54] Vgl. Deutsches Ärzteblatt, 2014
[55] Vgl. Deutsches Ärzteblatt, 2014
[56] Vgl. Lars: Geschichte der Persönlichkeitstests – von Griechenland über die Alpen in die USA in: TypenTest Blog
[57] Vgl. Lars: Geschichte der Persönlichkeitstests – von Griechenland über die Alpen in die USA in: TypenTest Blog
[58] Vgl. Lars: Geschichte der Persönlichkeitstests – von Griechenland über die Alpen in die USA in: TypenTest Blog
[59] Vgl. Asendorpf, 2019.

setzen eine kurzfristige Stabilität voraus.[60] Beispiele für Eigenschaften können Aggressivität, Geselligkeit oder Leistungsmotivation sein.[61]

Unter dem Begriff „Gesundheit" wird nicht nur das körperliche Wohlbefinden verstanden, sondern schließt auch die psychische Gesundheit und das soziale Wohlbefinden mit ein.[62] Es gibt verschiedene Definitionen von Gesundheit. Eine der bekanntesten Definitionen stammt aus dem Jahr 1949 von der Weltgesundheitsorganisation.[63] Die WHO betrachtet Gesundheit als einen Zustand des vollständigen körperlichen, geistigen und sozialen Wohlbefindens.[64] Somit geht die Definition über das bloße Fehlen von Krankheiten und Gebrechen hinaus.[65] Zudem kommt, dass Gesundheit und Krankheit heutzutage nicht mehr als sich gegenseitig ausschließende Zustände betrachtet werden, sondern als dynamische Prozesse mit fließenden Übergängen gesehen werden.[66]

Um den Zusammenhang zwischen Gesundheit und Persönlichkeit zu verdeutlichen, schlugen Smith und William (1992), sowie Suls und Ritterhouse (1995) verschiedene Modelle vor.[67] Insgesamt nennen sie vier Konzepte.

Das erste Konzept geht davon aus , dass die Persönlichkeit eine kausale Rolle in Bezug auf Krankheit und Gesundheit spielt.[68] Dies bedeutet das biologische Aktivitäten, die sich auf die Entwicklung sowie den Verlauf psychischer Erkrankungen auswirken, direkt von der Persönlichkeit beeinflusst werden.[69] Die Menschen werden als „zu Krankheit neigenden Persönlichkeiten" beschrieben.[70] Ein Bespiel für eine Untersuchung ist das Messen des Zusammenhangs zwischen Stress und Emotionen, in Verbindung mit der koronaren Herzkrankheit.[71] Menschen vom Typ A empfinden einen starken Drang nach Leistung und Aufstieg, wodurch Stress verursacht wird und somit häufig eine koronare Herzkrankheit entsteht.[72]

---

[60] Vgl. Asendorpf, 2019.
[61] Vgl. Asendorpf, 2019.
[62] Vgl. Becker, 2014b.
[63] Vgl. Gesundheit | Medizin-Lexikon | Online Lernen mit Lecturio
[64] Vgl. Becker, 2014b.
[65] Vgl. Becker, 2014b.
[66] Vgl. Gesundheit | Medizin-Lexikon | Online Lernen mit Lecturio
[67] Vgl. Becker, 2014b.
[68] Vgl. Becker, 2014b.
[69] Vgl. Becker, 2014b.
[70] Vgl. Becker, 2014b.
[71] Vgl. Becker, 2014b.
[72] Vgl. Becker, 2014b.

In dem zweiten Modell wird nur ein korrelativer Zusammenhang zwischen Persönlichkeit und Gesundheit gesehen.[73] Die gleichen biologischen Ursachen sind sowohl für die Erkrankung, als auch für die Persönlichkeit verantwortlich.[74] Somit kann es sein, dass eine Person ein Gen in sich trägt, das sowohl eine Anfälligkeit für die Entwicklung der Krankheit als auch für ein feindseliges Verhalten verantwortlich ist.[75] Das Gen liegt daher der Erkrankung und der Persönlichkeitseigenschaften zugrunde.[76]

Das dritte Konzept geht davon aus, dass die Persönlichkeitseigenschaften die Person veranlassen, bestimmte Verhaltensmuster zu zeigen, die das Risiko zu erkranken erhöhen.[77] Die Persönlichkeitseigenschaft „Sensation-Seeking", die Menschen dazu veranlasst aufregende Erfahrungen zu sammeln, könnte somit die Wahrscheinlichkeit zur Einnahme von Drogen steigern.[78] Der Konsum von Alkohol oder das Rauchen gehören zu typischen Verhaltensweisen.[79]

Das letzte Modell, um den Zusammenhang von Gesundheit und Persönlichkeit zu erklären, betrachtet die Persönlichkeitsveränderungen als Folge einer Erkrankung.[80] Das bedeutet konkret, dass eine Person aufgrund einer Erkrankung Persönlichkeitsveränderungen aufzeigt.[81] Aus diesem Grund können schwere Migräneanfälle dazu führen, dass sich die Person immer mehr vom gesellschaftlichen Leben zurückzieht.[82] Infolgedessen würden bei einer Untersuchung der Dimension „Extraversion", niedrige Werte angezeigt werden.[83] D.h. die Werte zur Neigung zur Geselligkeit und zum Optimismus wären niedrig.[84] Zusammenfassend ausgedrückt, kann die Korrelation zwischen einem Gesundheitsmaß und einer Persönlichkeitseigenschaft unterschiedlich interpretiert werden.[85]

---

[73] Vgl. Becker, 2014b.
[74] Vgl. Becker, 2014b.
[75] Vgl. Becker, 2014b.
[76] Vgl. Becker, 2014b.
[77] Vgl. Becker, 2014b.
[78] Vgl. Becker, 2014b.
[79] Vgl. Becker, 2014b.
[80] Vgl. Becker, 2014b.
[81] Vgl. Becker, 2014b.
[82] Vgl. Becker, 2014b.
[83] Vgl. Becker, 2014b.
[84] Vgl. Extraversion
[85] Vgl. Becker, 2014b.

2.2 Das Konzept der Selbstwirksamkeit

Unter dem Konzept der Selbstwirksamkeit wird die Überzeugung verstanden, dass ein gewünschtes Verhalten auch beim Eintreten von Hindernissen und Widerständen auftritt.[86] Eine Person ist überzeugt auch schwere Situationen und Herausforderungen aus der eigenen Kraft erfolgreich zu bewältigen.[87] Hervorgetreten ist der Begriff durch den amerikanischen Psychologen Albert Bandura, dessen Erkenntnis war, dass Menschen meistens nur dann eine Handlung beginnen, wenn sie davon überzeugt sind die Handlung auch erfolgreich ausführen zu können.[88]

Auch in der Gesundheitsförderung spielt die Selbstwirksamkeit eine Rolle. Durch die Selbstwirksamkeitserwartung wird vor allem die Entwicklung von Resilienz gefördert.[89] Unter Resilienz wird die Fähigkeit zur Belastbarkeit und inneren Stärke verstanden.[90] Somit fällt es Menschen leichter belastende Situationen zu überwinden.[91] Zudem ist es möglich psychische Störungen und andere persönliche Probleme vorzubeugen.[92] Aus diesem Grund wird das Konzept der Selbstwirksamkeit in vielen Bereichen angewendet. In der Gesundheitsprävention schaffen es Menschen eher schädliche Verhaltensweisen, wie z.B. das Rauchen, zu ändern, wenn sie von der Selbstwirksamkeit überzeugt sind.[93] In der Therapie spielt sie zudem eine Schlüsselrolle, wenn bspw. Phobien und Ängste behandelt werden.[94] Aber auch Sportler profitieren von der Selbstwirksamkeit, da ihre Leistung gesteigert wird und sie diese im Wettkampf einsetzen können.[95]

---

[86] Vgl. Becker, 2014b.
[87] Vgl. Selbstwirksamkeit- Lexikon der Psychologie | Psychomeda
[88] Vgl. Selbstwirksamkeit- Lexikon der Psychologie | Psychomeda
[89] Vgl. Becker, 2014b.
[90] Vgl. Stangl
[91] Vgl. Becker, 2014b.
[92] Vgl. Stangl
[93] Vgl. Selbstwirksamkeit- Lexikon der Psychologie | Psychomeda
[94] Vgl. Selbstwirksamkeit- Lexikon der Psychologie | Psychomeda
[95] Vgl. Selbstwirksamkeit- Lexikon der Psychologie | Psychomeda

2.3 Handlungsempfehlungen für Führungskräfte

Mit konkreten Handlungsmaßnahmen kann die Selbstwirksamkeit der Mitarbeiter gestärkt werden, was positive Effekte mit sich bringt.

1. Nach Bandura sind vor allem Erfolgserlebnisse wichtig, um die Selbstwirksamkeit aktiv zu stärken.[96] Daher ist es sehr wichtig Lob deutlich auszusprechen, da der Mitarbeiter das Gefühl der Wertschätzung vermittelt bekommt und somit auch weiterhin motiviert bleibt. Die Persönlichkeit wird dadurch gestärkt.

2. Ein weiterer wichtiger Faktor ist, die kollektive Selbstwirksamkeit zu fördern. Bandura definiert die kollektive Selbstwirksamkeit als die Überzeugung einer Gruppe, gemeinsam bestimmte Handlungen zu organisieren und auszuführen, um ein bestimmtes Ziel zu erreichen.[97] Durch die Förderung der Partizipation ist jeder Mitarbeiter ein Teil der Aufgabe. Somit findet eine gegenseitige Unterstützung statt, die zu einem guten Arbeitsklima führen kann. Durch die Aufteilung der Arbeit soll die Motivation bei jedem Mitarbeiter bei der Bearbeitung der Aufgaben steigen, da das Endergebnis nur durch die Zusammensetzung der einzelnen Ergebnisse erreicht werden kann. Mögliche Probleme können so besser bewältigt werden, da man als Team zusammenhält und sich gegenseitig stärkt.

3. Die Unterstützung durch die Führungskräfte ist ebenso wichtig. Die Starthilfe für Aufgaben, das Priorisieren von Aufgaben, aber auch das Schaffen produktiver Arbeitsbedingungen vermittelt Verständnis als auch Unterstützung für den Mitarbeitenden.[98] Dem Mitarbeitenden wird vermittelt, dass er nicht alleine gelassen wird wenn ein Problem auftaucht. Durch die Unterstützung kann die Motivation steigen und das Selbstbewusstsein gestärkt werden.

---

[96] Vgl. Selbstwirksamkeit- Lexikon der Psychologie | Psychomeda
[97] Vgl. Jerusalem, 2002.
[98] Vgl. Lederer, 2019.

3. Aufgabe

In dem letzten Abschnitt wird das HEXACO- Modell von Ashton und Lee vorgestellt. Außerdem werden wichtige Eigenschaften für die Auswahl von Professor*innen beschrieben.

3.1 Das HEXACO- Modell

Die kanadischen Psychologieprofessoren Kibeom Lee und Michael C. Ashton entwickelten im Jahre 2000 das „Hexaco- Persönlichkeitsinterventar" (Hexaco-PI).[99] Das Modell basiert auf lexikalischen Analysen und dient als hilfreiche Erweiterung des „Big-Five-Modells".[100] Beide Modelle bieten die Möglichkeit, Personen anhand basaler Persönlichkeitsfaktoren zu beschreiben.[101] Zu den Persönlichkeitsfaktoren gehören: Emotionalität (emotionality), Extraversion (extraversion), Verträglichkeit (agreeableness), Gewissenhaftigkeit (conscientiousness) und Offenheit für Erfahrung (openness to experience).[102] Der Unterschied zu dem Big-Five-Modell liegt an dem sechsten H-Faktor: „Ehrlichkeit-Bescheidenheit" (honest-humility).[103] Aus diesem Grund kann vor allem das Hexaco-Model bei ethisch-moralischen Fragen, z.B. bei Straftaten, Menschen genauer charakterisieren.[104] Gleichzeitig ist das Hexaco-Modell ein Akronym, da es sich aus den Anfangsbuchstaben der jeweiligen Eigenschaften zusammensetzt.[105] Außerdem steht „hexa" im Griechischen für „sechs", was die Anzahl der Dimensionen im Modell ergibt.[106] Eingesetzt wird das Modell in der Forschung, um den Zusammenhang zwischen der Persönlichkeit und den Verhaltensmaßen zu analysieren.[107]

Zudem gibt es 60, 100 und 200- Fragen Versionen des Hexaco-Modell Test, die jeweils in verschiednen Situationen eingesetzt werden.[108]

---

[99] Vgl. Rassek, 2019.
[100] Vgl. HEXACO | Universitätsklinikum Tübingen
[101] Vgl. HEXACO | Universitätsklinikum Tübingen
[102] Vgl. Becker, 2014a
[103] Vgl. Stangl
[104] Vgl. Stangl
[105] Vgl. Rassek, 2019.
[106] Vgl. Rassek, 2019.
[107] Vgl. HEXACO | Universitätsklinikum Tübingen
[108] Vgl. Rassek, 2019.

3.2 Bedeutung in der Personalauswahl

Das Hexaco-Modell kann aufgrund der Persönlichkeitsfaktoren sehr gut für die Personalauswahl genutzt werden. Am Beispiel der Auswahl guter Professor*innen wird dies deutlich.

Zunächst muss der/die Professor*in Offenheit für Erfahrung mitbringen. Unter diesem Faktor wird Wissbegierigkeit, Neugier, das Interesse an Experimenten, die Intellektualität und das künstlerische Interesse verstanden.[109] Menschen, die eine starke Ausprägung in diesen Punkten aufweisen, sind offen für neue Erfahrungen, hinterfragen Entwicklungen aber auch bestehende Normen kritisch.[110] Außerdem bilden sie sich ihr Urteil unabhängig von Anderen, erproben neue Handlungsweisen und bevorzugen Abwechslung.[111] Diese Punkte sind wichtig, da sich Proffesor*innen ständig weiterbilden müssen, um ihren Unterricht mit aktuellen Erkenntnissen zu gestalten, was neues Interesse bei den Studenten wecken könnte. Durch das unabhängige Urteilen wird kein Student diskriminiert.

Ein weiterer Faktor in dem Modell ist die Gewissenhaftigkeit. Menschen, die gewissenhaft sind, sind meistens organisiert, sorgfältig, strukturiert und planend, vorausschauend, zuverlässig und effektiv.[112] Personen mit einer starken Ausprägung der Gewissenhaftigkeit zeichnet ein hohes Maß an Selbstkontrolle, Genauigkeit, Verantwortungsbewussten und Zielstrebigkeit aus.[113] Diese Eigenschaften beeinflussen den beruflichen Erfolg.[114] Ein/e Professor*in muss vor allem organisiert und zuverlässig sein. Nur so wird der Lernstoff optimal bereitgestellt und die Wahrscheinlichkeit für den Lernerfolg steigt.

Ein/e Professor*in sollte auch Extraversion mitbringen. Extrovertierte Personen sind gesellig, somit halten sie sich gerne in der Gegenwart Anderer auf, mögen aber auch die Gesellschaft in Gruppe oder auf Veranstaltungen.[115] Sie treten selbstsicher, gesprächig und energisch auf.[116] Optimismus und Begeisterungsfähigkeit wird ebenso mitgebracht.[117] Ein/e gute/r Professor*in

---

[109] Vgl. Rassek, 2019.
[110] Vgl. Rassek, 2019.
[111] Vgl. Rassek, 2019.
[112] Vgl. Rassek, 2019.
[113] Vgl. Rassek, 2019.
[114] Vgl. Rassek, 2019.
[115] Vgl. Rassek, 2019.
[116] Vgl. Rassek, 2019.
[117] Vgl. Rassek, 2019.

sollte die Studenten für ihr Fach begeistern können. Eine optimistische und energische Grundhaltung ist ebenso wichtig, da die Motivation und das Selbstwertgefühl, eine Aufgabe zu schaffen, dadurch gesteigert wird. Selbstsicherheit und die Fähigkeit vor größeren Gruppen zu reden ist unabdingbar in diesem Beruf.

Der vierte Faktor für eine/n gute/n Professor*in ist die Verträglichkeit. Menschen mit einer stark ausgeprägten Verträglichkeit sind sehr freundlich und harmoniebedürftig, weswegen viele Menschen gut mit ihnen klarkommen.[118] Außerdem sind sie: kooperativ, verständnisvoll, wohlwollend, mitfühlend und kompromissbereit.[119] Ein/e Professor*in sollte genau diese Punkte mit sich bringen. Selbstverständlich kann ein/e Professor*in nicht immer für alles Verständnis aufbringen oder kompromissbereit sein. Jedoch sollte man versuchen sich in den Studenten reinzuversetzen, wenn dieser ein Problem hat und ihm erklären, wie er eine Aufgabe besser machen kann. Wenn der Student das Gefühl bekommt sein Problem wird verstanden und ernst genommen, fühlt er sich wohl und gut aufgehoben. Ein gutes und freundliches Verhältnis zu seinem/r Professor/in ist für die gesamte Studienlaufzeit sehr wichtig.

Der letzte wichtige Punkt wäre der sechste Faktor Ehrlichkeit und Bescheidenheit. Eine Person, die hohe Werte bei diesem Faktor mit sich bringt, wird niemals jemand anderen manipulieren um einen persönlichen Vorteil daraus zu ziehen.[120] Sie sind darauf aus faire Regeln zu befolgen und aufzustellen.[121] Hinzukommt, dass diese Menschen meistens kaum an Geld oder Luxus interessiert sind und somit kein Statusdenken haben.[122] Ein/e Professor/in sollte den Beruf ausüben weil er/sie Freude daran hat, anderen Menschen etwas beizubringen und zu fördern. Da man nur mit Menschen zusammenarbeitet, sollte man diese generell mögen und es nicht aus einem Statusdenken oder Geld heraus praktizieren.

Anhand dieses Beispiels erkennt man, wie man aus den Persönlichkeitsfaktoren ableiten kann, ob eine Person gut in einen Beruf passen würde oder nicht.

---

[118] Vgl. Rassek, 2019.
[119] Vgl. Rassek, 2019.
[120] Vgl. Rassek, 2019.
[121] Vgl. Rassek, 2019.
[122] Vgl. Rassek, 2019.

Literaturverzeichnis:

Asendorpf, Jens: Persönlichkeit – Dorsch - Lexikon der Psychologie, in: Lexikon der Psychologie, 2019, [online] https://dorsch.hogrefe.com/stichwort/persoenlichkeit [01.02.2021].

Becker, Beate: Grundlagen der Differentiellen und Peraönlichkeitspsychologie, 1. Aufl., Riedlingen , Deutschland: SRH Fernhochschule, 2014a.

Becker, Beate: Praxisfelder der Differenziellen und Persönlichkeitspsychologie, 1. Aufl., Riedlingen , Deutschland: SRH Fernhochschule, 2014b.

Deutsches Ärzteblatt: Narzisstische Persönlichkeitsstörung: Erkrankung mit vielen Facetten, in: Deutsches Ärzteblatt, 10.12.2014, [online] https://www.aerzteblatt.de/archiv/165552/Narzisstische-Persoenlichkeitsstoerung-Erkrankung-mit-vielen-Facetten [26.01.2021].

Extraversion: in: Lexikon der Psychologie, [online] https://www.spektrum.de/lexikon/psychologie/extraversion/4608 [01.02.2021].

Gesundheit | Medizin-Lexikon | Online Lernen mit Lecturio: in: Lecturio, [online] https://www.lecturio.de/lexikon/gesundheit [01.02.2021].

HEXACO | Universitätsklinikum Tübingen: in: Universitätsklinikum Tübingen, [online] https://www.medizin.uni-tuebingen.de/de/das-klinikum/einrichtungen/kliniken/psychiatrie-und-psychotherapie/kinder-und-jugendpsychiatrie/forschung/hexaco [02.02.2021].

Jerusalem, Matthias: Selbstwirksamkeit und Motivationsprozesse in Bildungsinstitutionen, Weinheim, Deutschland: Beltz Verlag, 2002.

Lars: Geschichte der Persönlichkeitstests – von Griechenland über die Alpen in die USA | TypenTest Blog, in: TypenTestBlog, [online] http://www.typentest.de/blog/2012/11/geschichte-der-personlichkeitstests-von-griechenland-uber-die-alpen-in-die-usa/ [26.01.2021].

Lederer, Dieter: Diese Fähigkeit ist die Basis für starke Unternehmensführung, in: Impulse, 26.02.2019, [online] https://www.impulse.de/management/selbstmanagement-erfolg/selbstwirksamkeit/7336374.html [01.02.2021].

Moosbrugger, Helfried/Augustin Kelava: Testtheorie und Fragebogenkonstruktion, in: Springer, 2012, [online] https://lehrbuch-psychologie.springer.com/sites/default/files/atoms/files/moosbrugger_a2_978-3-642-20071-7_lesprobe.pdf [26.01.2021].

Narzisstische Persönlichkeitsstörung: in: therapie.de, [online] https://www.therapie.de/psyche/info/index/diagnose/persoenlichkeitsstoerungen/narzissmus/ [26.01.2021].

Persönlichkeitstest: in: Lexikon der Psychologie, [online] https://www.spektrum.de/lexikon/psychologie/persoenlichkeitstest/11422 [26.01.2021].

Persönlichkeitstests - Lexikon der Psychologie | Psychomeda: in: Lexikon der Psychologie, [online] https://www.psychomeda.de/lexikon/persoenlichkeitstests.html [26.01.2021].

Rassek, Anja: Hexaco-Modell: Erkennen Sie Ihre Persönlichkeit?, in: karrierebibel.de, 15.09.2019, [online] https://karrierebibel.de/hexaco-modell/ [02.02.2021].

Selbstwirksamkeit - Lexikon der Psychologie | Psychomeda: in: Lexikon der Psychologie, [online] https://www.psychomeda.de/lexikon/selbstwirksamkeit.html [01.02.2021].

Selbstwirksamkeit - Lexikon der Psychologie | Psychomeda: in: Lexikon der Psychologie, [online] https://www.psychomeda.de/lexikon/selbstwirksamkeit.html [01.02.2021].

Stangl, Werner: Resilienz, in: Lexikon, [online] https://lexikon.stangl.eu/593/resilienz [01.02.2021b].

Was versteht man unter der Konstrukvalidität? in: Karteikarte, [online] https://www.karteikarte.com/card/1292576/was-versteht-man-unter-der-konstrukvaliditaet-wie-prueft [26.01.2021].